Edipo Rey

Sofocles

Me encuentro ante ustedes en la circunstancia de hablar acerca de un mito que en más de un sentido ha sido experimentado como fundante de nuestra civilización. y de su principal versión, el texto de Sófocles. De éste nos separan prácticamente veinticinco siglos; y una infinidad de lecturas e interpretaciones se yerguen entre el texto y una posible lectura de hoy. Además están los trabajos de crítica textual propios de la Filología Clásica, y es importante señalar que han sido fecundos en el último tiempo en lo que toca a la obra sofoclea. En efecto, la famosa serie Oxford Classical Texts en la obra de renovación de las ediciones de los textos trágicos ha publicado una nueva edición de Sófocles en 1990 (Sophoclis Fabulae, edit. H. Lloyd Jones y N.G. Wilson) que ha venido a reemplazar a la de Pearson 1924, edición de la máxima aceptación por los estudiosos. Y en segundo lugar, Jean Bollack ha publicado en 1991 una traducción con amplios comentarios, en cuatro gruesos volúmenes, en Presses de l Université de Lille. Me interesa partir, a modo de introducción, de la mención de algunas consideraciones de Bollack acerca de qué es la filología (fueron publicadas en la revista L" Áne 1992.) "La ciencia aplicada en estos textos se llama filología. Ella se define como una disciplina histórica tocante a las obras escritas. Me refiero a ellas como a una ciencia de las prácticas efectivas de la lectura". Esta disciplina, que conglomeró en la segunda mitad del siglo pasado a gran parte de la inteligencia alemana, a Federico Nietzsche entre otros, tiene como propósito una lectura ideal que puede entenderse como una interpretación = cero. Quiero decir con esto que mediante el conocimiento histórico, gramatical, estilístico y de todo lo que concierne a un texto antiguo, se propone el ideal de desentrañar lo que el autor mismo expresó de acuerdo a sus coordenadas históricas, propias de una cierta visión del mundo. Si tal propósito es posible o no, o si constituye un mero criterio epistemológico, poco importa. La tarea del filólogo es la de enmarcar y contextualizar para legitimizar las lecturas posibles. La imposibilidad de una lectura reside en su incompatibilidad con la Weltanschauung que dio origen al texto. En efecto, la más habitual práctica de lectura proyecta elementos de nuestra propia visión del mundo sobre un texto imbricado con otras cadenas asociativas, muy distintas de las nuestras modernas, en lo referente a religión, civilización y pensamiento. Valga esta advertencia preliminar, porque en lo sucesivo nos proponemos no una nueva lectura del Edipo Rey, sino una contextualización de los principales suelos en que se enraiza el texto. Comenzaremos, entonces, con la inserción del mito de Edipo en su tradición mitológica. Con respecto de ésta es menester recordar que el griego, por su particular religiosidad. se distingue de lo que Paul Ricoeur denomina las religiones "proclamáticas" o proféticas, esto es, las religiones de libro sagrado: la hebraica, cristiana e islámica. No existía en Grecia un libro canónico sino una tradición poética fundada en la mediación de las divinas Musas hijas de Mnemosyne, la Memoria. En ella se inscriben los cantos homéricos y la obra de Hesíodo, referencias obligadas para todo heleno, y posteriormente la lírica en época arcaica y la tragedia, en la clásica, momentos en los que la tradición poético-religiosa se reformula y se mantiene viva. Por eso, al encuadrar un mito, hay que situarlo, según los testimonios de que disponemos, en contexto micénico, homérico, arcaico, clásico o en contextos helenísticos y posteriores. En este sentido hay que discriminar el mito de su versión particular -

la que se haya conservado- y situar ésta en su idiosincracia de época. De esto se desprende que toda interpretación es interpretación de una cierta versión del mito. Dicho esto, enmarcamos el mito de Edipo dentro del llamado Ciclo tebano, esto es, el conjunto de mitos agrupados en torno de la ciudad de Tebas, fundada por Cadmo. Tal como comienza el Edipo Rey: "Hijos, nuevo retoño de Cadmo, el antiguo." A su vez, el background del Ciclo tebano refiere a un contexto micénico, muy anterior a la escritura de las epopeyas homéricas. Así, Martín Persson Nilsson, uno de los principales estudiosos de la religión griega, refiere –v. The Mycenaean Origin of Greek Mythology, 1937- que el nombre Oidípous data de época micénica por presentar en su formación de derivación morfológica una constitución muy arcaica. Con todo, las principales versiones acerca del Ciclo tebano datan de época clásica, muy posteriormente. Se supone, entonces, que originariamente Edipo era el héroe de un folktale, cuyo mitema principal era la recuperación de un trono que le correspondía; en tal reconstrucción conjetural se excluye toda referencia originaria al parricidio y al incesto. Tal es la opinión de

Roberts, autor de una obra monumental acerca de Edipo –v. Oedipus, 1915-. Ahora bien, dentro del marco de la epopeya homérica hallamos una referencia precisa al mito de Edipo -v. Odisea, XI 271 ss- relatada por Odiseo en el relato de su descenso a la morada de Hades: "Vi también a la madre de Edipo, la bella Epicasta, quien realizó tremendo acto (méga érgon) por unirse a su hijo, sin saberlo en sus mentes. Pues él, tras matar a su padre, con ella casó. Pero él reina en la hermosa Tebas sufriendo sus dolores merced a las terribles determinaciones de los dioses." Advertimos en el texto dos diferencias significativas respecto de las versiones trágicas del mito: el cambio de nombre de Yocasta a la que se llama Epicasta y el hecho de que Edipo sigue reinando sin alusión alguna a la mutilación de sus ojos. Respecto de la primera diferencia, sólo cabe observar si tal cambio en el nombre de la madre-esposa d Edipo es o no relevante. Notemos, en principio, que la diferencia se opera en la primera parte de la composición: se cambia el epi- de Epicasta por un yo-, mientras queda inalterable el segundo componente. Sobre éste no hay dudas respecto de su significación etimológica:

deviene de un tema kas –v. Verbo kaínyamai- con el sentido de "sobresalir", emparentado asimismo con Cadmo, "el sobresaliente", esto es, el introductor del alfabeto, de ciertos misterios y fundador de Tebas. Epicasta significa, entonces, "la muy sobresaliente" donde el prefijo epi- funciona como un intensivo. En cambio, no resulta clara en su significación la introducción de Yocasta. Si bien algunos autores han relacionado esto con el griego hyiós, "hijo", para llegar a una significación sugestiva –Yocasta sería "la que sobresale por su hijo" si se admite tal derivación semántica–, no es posible una asociación de esta especie desde una etimología rigurosa. Resulta, por lo tanto, más significativa la segunda diferencia aportada por la versión homérica: Edipo no se arranca los ojos y sigue reinando; no hay, por así decirlo, crimen y castigo, sólo crimen y ciertos padecimientos que la versión menciona. Este paso de la mentalidad homérica a la de la Época arcaica ha sido estudiada por Dodds en su conocido libro Los griegos y lo irracional. Él habla del paso de una cultura de vergüenza a una de culpabilidad y menciona el caso del Edipo homérico para atestiguar la falta del sentimiento de culpa. Y en efecto, no era propio de una cultura de aristocracia guerrera hacerse mucho problema por una cama o una muerte. El siguiente paso en el recorrido de las versiones del mito apunta a la época arcaica, de la que no nos queda más que un papiro encontrado en Lille dentro de una momia en 1976. Se trata de un texto que bollack mismo editó bajo el título de "La respuesta de Yocasta". Hay dificultades en determinar el autor y se lo considera como de Pseudestesícoro para representar la posibilidad, no constatada, de que sea una obra de Estesícoro, por razones de léxico y métrica. Con todo, el texto nos aporta novedades o diferencias respecto a otras versiones.

Lo más relevante es la afirmación de Yocasta acerca de su descreimiento de los oráculos, cosa que presenta afinidades con ciertas intervenciones de Yocasta en el Edipo Rey. Paralelamente a las versiones mencionadas, es fundamental la reconstrucción de la secuencia mítica anterior al nacimiento de Edipo porque, cuando se abre el Edipo Rey, él ya adulto reina en Tebas. Nos referimos a la procedencia de la generación de los Labdácidas, a la que aludiremos sumariamente, para preguntarnos qué ocurrió en la sucesión Lábdaco – Layo – Edipo. En este problema dependemos fundamentalmente de textos trágicos, muchos de ellos conservados fragmentariamente, como en el caso del Edipo de Eurípides y de Esquilo, de los que sólo nos quedan ciertas referencias exteriores. Es importante el grupo de fragmentos de la tragedia Crisipo de Eurípides. pues resulta la principal fuente de los problemas relativos al linaje de Edipo. Aparte de estas fuentes dependemos de textos tardíos, como por ejemplo, La Biblioteca de Apolodoro. Con todo, es poco lo que se puede reconstruir acerca de Lábdaco, sólo sabemos que murió cuando Layo, su hijo, era muy pequeño y que a su muerte lo sucedió Lico, en el trono de Tebas. Se reitera, aunque en circunstancias diversas, cierto elemento del mito de Edipo, pues Layo es exiliado de Tebas siendo niño y apartado de su destino real. Es recibido en la casa de Pélope, personaje importante para la tradición mitológica griega. Un conocido mito cuenta que Tántalo, padre de Pélope, ofreció a su hijo como un festín para los dioses, para poner a prueba la providencia divina. Se dice que sólo Deméter llegó a probar bocado del filicidio, que Tántalo sufrió eternos castigos en la morada de Hades por su afrenta y que Pélope fue revivido y devuelto a su destino mortal. Ocurre que Pélope tiene un hijo, Crisipo -que da nombre a la tragedia de Eurípides- con quien se encuentra Layo en su exilio. Sabemos por referencias que Eurípides narraba en esa pieza la violación de Crisipo por Layo y el posterior suicidio de aquél. De acuerdo a esto, Layo violó las leyes de la hospitalidad, de esencial significado para los griegos, y las de la naturaleza, pues pasa por ser el introductor de la homosexualidad en Grecia. Asimismo recibió de Pélope una terrible maldición que afectaría a su futura descendencia. Si bien no nos quedan en los fragmentos del Crisipo de Euripides alusiones precisas a la falta de

Layo, contamos con importantes comentarios de autores antiguos. como por ejemplo el de Eliano -traduzco del Tragicorum Graecorum Fragmenta de Nauck: Layo, como cuenta Eurípides y enseña la fauna, fue el primero en emprender el deseo (éros) por los machos. También Cicerón, en la Tusculana IV al recordar el episodio homosexual entre Zeus y Ganimedes hace idéntica alusión a Layo a partir de Eurípides. Y también Platón -en Leyes VIII 836c- habla de "las cosas que vienen desde Layo" al referirse a la homosexualidad masculina. Ahora bien. hacemos referencia a este hecho porque resulta un contexto esencial del Edipo Rey. Recordemos ante todo que nosotros, inmersos en los parámetros de una cultura escrita, olvidamos que los espectadores de la tragedia contaban con los datos de la vulgata mitológica por una tradición oral, recreada en las tragedias mismas. Y para ellos Layo era el violador de Crisipo y el productor de una gran mancha. Otro hecho importante atañe el linaje de los Labdácidas, observado por primera vez por Levi Strauss en la primera compilación de su Antropología Estructura. En efecto, él fue el primero en advertir cierto motivo reiterado en la significación de los nombres de Lábdaco, Layo y Edipo -v. también los comentarios de J, P. Vemant al problema en Mito y Tragedia en la Grecia Antigua, vol. II-. El problema señalado por Levi Strauss es que los tres nombres aluden a una anomalía en los pies y en el andar: el nombre de Lábdaco se asocia con la renguera, como el caso de Lábda, la coja, mencionada por Heródoto, de la que se origina el linaje de los Cispélidas; laiós, de donde deriva Layo, significa "zurdo", con una connotación negativa; y Oidípous del primer componente oidi -v.oidma "hinchazón", "ola"- y poús "pie" significa, como es sabido. "el de los pies hinchados". Ahora bien, Levi Strauss tuvo en su primera aproximación un gran dislate en la interpretación del hecho que él evidenció, pues asoció la significación del "mal andar" de los Labdácidas con el contexto de los amerindios, en el que indica una autoctonia, una ligazón fuerte con la propia tierra, mientras nada semejante ocurre en contexto helénico. El mismo Levl Strauss se desdijo de esa analogía ilegítima. Lo importante es que la mención del pie se reitera asimismo en el enigma de la Esfinge, como lo conservamos por ejemplo en la hypóthesis I de las Fenicias de Eurípides: "En la tierra hay un ser dipoús, tripoús, tetrapoús –de dos pies, de tres pies, de cuatro pies- cuya voz es única. Sólo él cambia de naturaleza entre los que frecuentan el cielo, el aire y el mar. Cuando se apoya sobre el mayor número de pies, sus miembros tienen menos fuerza." Vernant, en la obra ya mencionada, ofrece ciertos lineamientos acerca de la interpretación del "mal andar / mala fonnación de pies" por referencias mitológicas a Hefesto y al pasaje del Banquete de Platón, en el que Aristófanes describe los personajes bisexuales primigenios. Para una contextualización del problema son importantes los artículos de este autor. Sólo nos queda agregar, en la hermenéutica podológica, que en las concepciones que se desprenden de ciertos datos lingüísticos del grupo indoeuropeo la palabra "pie" es siempre de género masculino, opuesta a todo lo que el pie horada, la tierra, el camino, siempre de género femenino. Recordemos que originariamente estos géneros gramaticales representaban concepciones de macho y hembra y no meras convenciones. Los instrumentos de trabajo agrícola, como el pie, son masculinos porque trabajan la pasividad femenina de la tierra. Puede ser ésta otra perspectiva para acercarse a la significación de "la mala pata" de los Labdácidas. Además de las cuestiones mencionadas, otra fuente imprescindible para la contextualización de los problemas del Edipo Reyes por supuesto la Poética de Aristóteles. Fundamentalmente porque Aristóteles, a menos de un siglo de distancia. pone en varias oportunidades la versión de Sófocles como un paradigma trágico. Así, en el capítulo XIII, después de establecer el carácter catártico de la tragedia "mediante el temor y la compasión", advierte que la compasión se enciende ante un ser que no merece su desgracia y el temor se produce ante alguien en desgracia que es sentido como un semejante -hómoios-, y para ejemplificar alude al Edipo Rey: "es el caso de un hombre que en circunstancias tremendas sufre desgracia sin haberla provocado por maldad sino merced a un error,". En el texto griego la palabra que significa "error" es hamartía. Término que en el Nuevo Testamento es traducido del original griego por peccatus -pecado- en la Vulgata latina. Y Aristóteles indica el sentido de la hamartía como una acción que produce un mal sin intención, por ignorancia, En Ética a Nicomaquea 1135 b, Aristóteles distingue entre una hamartía y una adikía -injusticia- por el hecho de que la primera supone la ignorancia del ejecutor. Y tal es por supuesto el caso de Edipo. Hay que tener en cuenta en el contexto jurídico antiguo que la ley no tomaba en consideración la intención. Sólo la acción contaba. Así funcionaba el juicio legal hasta fines de la época arcaica, mientras que en época clásica durante el siglo de los grandes trágicos, la intención comienza a ser tenida en consideración. Digamos, entonces, que ante un supuesto tribunal ateniense Edipo hubiese sido absuelto por ignorancia de los cargos de "parricidio" e "incesto", pero no hubiese aliviado en nada su destino trágico. Es por eso que Aristóteles refiere el caso de Edipo como "gran hamartia" poniendo a su lado el nombre de Tiestes, quien sin saberlo comió a sus hijos en un guisado ofrecido por su hermano Atreo; pues ambos han cometido las cosas más horrorosas por ignorancia. Estos asuntos, concernientes al error trágico y a la responsabilidad de la acción, son fundamentales para toda la comprensión de la tragedia griega. El mismo Sófocles ofrece un significativo texto en torno de la responsabilidad de Edipo, v. Edipo en Colono 535 ss: Edipo, viejo y exhausto, es descubierto en su identidad y cuestionado por sus actos. Ante la pregunta de si ha hecho incesto, contesta" -No he hecho.(,..) acepté un don..." Ya la pregunta del Coro acerca de si mató a su padre. responde: Sin saber lo que hacía maté, pero estoy libre ante la ley, pues ignorante llegué a eso. Pues bien, tras habernos referido a los principales problemas contextuales. tomaremos aunque muy sumariamente ciertas cuestiones planteadas por el texto mismo de la versión sofoclea del mito. En este sentido, me interesa partir de una idea -ya desarrollada por Vernant en el libro citado- que hace del Edipo Rey la tragedia de la anfibología, de la equivocidad como un núcleo neurálgico del texto, que Sófocles utiliza como una ironía trágica constante. El doble sentido en la expresión es ciertamente un elemento que no podía faltar en una tragedia como el Edipo Rey que tiene como trasfondo el decir de los oráculos, el enigma de la Esfinge y la mántica de Tiresias, pero es un fenómeno de la léxis de la tragedia, rastreable en muchas de las que se conservaron. Con todo, para los estudiosos que gustan del rastreo cuantitativo ha quedado constatado que es en el Edipo Rey donde se da la mayor cantidad de anfibologías -cincuenta expresiones de doble sentido-. Con todo, si bien las expresiones – fundamentalmente las utilizadas por Tiresias- resultan muy significativas, con la denominación de "tragedia de la anfibología" aludimos a una equivocidad esencial del drama. Pues Yocasta –como se dice en Antígona v.53- es "madre y esposa, doble palabra"; y Layo, padre y víctima de Edipo. Sobre este doble rol de los dramatis personae se fundan todas las demás equivocidades de la expresión, y también, claro está, por el paso de la ignorancia de ese hecho por parte de Edipo a su conocimiento –lo que llama Aristóteles angnórisis, "reconocimiento"-. Así, ya desde el Prólogo –58ss- Sófocles hace decir a Edipo: Os presentáis anhelando cosas conocidas y no desconocidas para mí. Y Edipo conoce los trances de la peste que afectan la ciudad, así como desconoce los suyos propios -que aún no lo afectan- hasta convertirse en un cazador cazado. Con la intención de indicar simplemente algunos nudos dramáticos, pasamos de la equivocidad a la situación inicial del Prólogo en su implicancia religiosa: los ciudadanos de Tebas se presentan. en calidad de suplicantes frente a Edipo al que llaman "el primero de los mortales", Ocurre que esta escena representa una de las instituciones de la religión antigua, la hikéteia "la Suplicancia" podemos traducir, esto es, el hecho de presentarse -como en la tragedia de Esquilo Hikétides- como suplicante ante alguien con un poder. Ahora bien, J.P. Vernant, tantas veces citado, relaciona esta circunstancia con la celebración anual de las targelias, una de las muchas festividades religiosas del calendario griego, en la que los celebrantes se presentaban en calidad de suplicantes, coronados y con frascos con miel o vino, para producir mediante una suerte de magia homeopática la expurgación de la pólis. Tal purificación se llevaba a cabo por el exilio, cargado de violencia en la celebración. de algún personaje de la ciudad de características detestables, un esperpento que cargaba con los males de la pólis. Se lo echaba violentamente como un remedio purificativo y se lo llamaba justamente pharmakós. Phármakon -de donde viene "farmacia"- resulta un veneno, como el bebido por Sócrates en el relato del Fedón. que en pequeñas dosis es altamente curativo y purificatorio. Pharmakós es la denominación para referirse a una función similar en una persona, en este caso el "Lumpen" arrojado que carga con los males de todos. Es mediante esta analogía por la que Vernant propone una lectura en clave farmacológica para el Edipo Rey en la que la visión trágica quiere que sea Edipo, "el Primero de los mortales", el pharmakós. Aunque no proponemos esto como la clave, sirve para enfatizar un hecho esencial del drama: el Edipo Rey resulta inseparable del par mancha –purificación, esto es, miasma, la mácula, que produce la peste. Y el oráculo traído por Creonte responderá que procede del asesino impune de Layo. y posteriormente-en el primer episodio- el adivino Tiresias dirá a Edipo que él mismo es el miástor. "el que produce la mácula". Desde ese momento, la verdad ha sido dicha, sólo habrá que aceptarla. Sin embargo, las lecturas del Edípo Rey se han detenido más en otros aspectos, distintos del pharmakós. Que ellas han sido muchas y dispares, lo atestigua el hecho de que Dodds, el autor de Los Griegos y lo irracional. las ha podido clasificar en su artículo "On misunderstandig Oedipus Rex" (Malinterpretando el Edipo Rey). En él da Cuenta de la reiteración de malentendidos, todos surgidos de la proyección de visiones extemporáneas al mundo de la tragedia, en lecturas de tono moralizante o religioso. Me quiero referir, a partir de la referencia de Dodds, al hecho de que muy a menudo se ha leído el Edipo Rey con las categorías de determinación versus libertad, como el drama del hombre que no puede escapar de su destino. Si bien el tema está presente de hecho, por ser en gran parte una tragedia sobre la verdad oracular, el malentendido reside en la Concepción de lo que se llama "destino" y de lo que los griegos entendían por tal. Resulta anacrónica la oposición libertad-destino en época clásica, si bien es habitual en nuestras asociaciones, pues no podemos pensar en el destino sin oponerlo a la libertad. En realidad, históricamente esta oposición es netamente cristiana, y puede hallarse anticipos de esta concepción en el estoicismo, pero nunca en época clásica o anteriormente. En efecto, en época helenística, en la que se desarrolla el estoicismo, la palabra habitual para "destino" es heimarméne –v. Verbo meíromani, del mismo tema radical de moira-"parte repartida". Resulta esencial señalar que entre las diferencias entre la Weltanschauung moderna y la antigua, la concepción del destino es seguramente la más significativa. Pues para el hombre del mundo clásico, arcaico u homérico, ésta resulta ser una categoría omnipresente, para la cual disponían de varios términos; y se hallaba continuamente en la vivencia cotidiana con el sentido fundamental de "la posición de un orden divino del mundo", o bien "el carácter numinoso de la realidad". Que después de Descartes es muy difícil pensar en esos términos, o incluso comprenderlos, es el problema en que se encuentra nuestra comprensión del mundo antiguo. En principio, ocurre algo semejante a lo que se da con el término "religión", para el que los griegos no tenían un solo equivalente sino varias palabras, con distintos matices. O lo que constatan los estudios de ciertas civilizaciones, que no disponen de una palabra para decir pájaro, como género, pero sí muchísimas para denominar a cada especie. Y como nosotros damos cuenta de la noción destinal por un solo término -las palabras "fortuna" o "azar" no tienen ya un carácter numinoso- las diferencias se pierden. Así atestiguamos que en el griego clásico existe un importante grupo de palabras para cubrir la semántica del destino: si partimos de las tres más importantes-moíra, tyche anánke-, es para advertir que está constatado en usos textuales que donde aparece una no cabe el uso semántica de otra. Las tres aparecen, y varias veces, en el Edipo Rey, en distintas acepciones por supuesto, pero generalmente han sido traducidas por "destino" y sus equivalencias en otras lenguas modernas. Veamos, entonces, las diferencias entre estos tres términos, que no son los únicos: moira se relaciona etimológicamente, como habíamos indicado con su equivalente helenístico heimarméne, pero si bien en ambas está la idea de "parte", la diferencia reside en el hecho de que heimarméne es un participio perfecto pasivo con la idea de algo ya previamente repartido, cuyo resultado es la determinación en que se halla el hombre, idea helenística, anticipo de la oposición con la noción de "libertad". Por el contrario, moira para el hombre clásico -o de épocas anteriores- significa pura y simplemente "parte", digamos "la que te tocó". En términos contemporáneos, es habitual decir "yo no creo en el destino". Pero aunque se trate del ser más racionalista que pisa esta tierra, siempre algo le tocó. Nació en Buenos Aires, en Almagro, y no en Bagdad o en París; es hijo de inmigrantes españoles, y no descendiente de la nobleza rusa o de una fabela de Río de Janeiro, etc. Esto es la moira, las circunstancias peculiares de cada existencia, Estas no se entienden como opuestas a la libertad, sino como un hecho concreto de la existencia que hay que afrontar. "Bancate la que te tocó", es la sabiduría de la moira, Por eso, Platón en el fin de la República presenta el mito de Er el Panfilio, en el que se Indica que cada uno elige su moira, cosa de que uno no pueda protestar acerca de que la culpa la tiene el otro, y sólo queda hacerle frente a su parte. Veamos, entonces, la significación de anánke, muchas veces con la traducción de "necesidad". Existe la arcaica concepción acerca de que "Contra Anánke ni los dioses luchan", escrita con mayúscula para señalar su carácter de potencia animada, numinosa, Se trata de lo que es de una manera y no puede ser de otra, pero como fundante de todo; de que todo, en cierto sentido, es de una manera y no puede ser de otra. No entendido trivialmente, o "si soy así, qué voy a hacer". Esta palabra da cuenta de todo lo que no está producido por nuestra voluntad, pero a gran escala. como una voluntad del mundo, de la realidad. No se presenta como una totalidad armónica al ser humano, sino con cierta violencia. Se la ha analogizado con "el estado de yecto" heideggeriano, o "el principio de realidad" freudiano. Nuevamente, la concepción de anánke llama a la aceptación, a comprender que ciertos elementos esenciales de la realidad son como son y no pueden ser de otra manera. Pasemos, entonces, a la palabra tyche que es la que se ha tomado como más ejemplar, generalmente, de la idea de destino, pero que es mucho más equivalente a "fortuna". Ahora bien, si se piensa en el sentido de "destino = determinación, opuesto a libertad", el malentendido es enorme, pues tyche significa más bien la total indeterminación, el hecho de que a cada cual le puede pasar cualquier cosa. Se dice "Tyche se complace con los variados cambios". Si volvemos a nuestro hombre moderno, supongamos que es un positivista lógico, que no cree en el destino, no está libre de que se le caiga un andamio en la cabeza, o lo atropelle un colectivo, no está libre de Tyche. Mientras está uno vivo, está sometido a los posibles avatares, lo que se asocia con el final del Edipo Rey, en donde se afirma que de un hombre sólo se puede decir que es feliz después que ha muerto. Justamente, en esa parte final del texto se dice: "He aquí a Edipo, el que solucionó los famosos enigmas y fue hombre poderosísimo, al que los ciudadanos miraban con envidia por su destino". Y en el texto griego la palabra utilizada es tychas -un plural de acusativo- para dar cuenta de que son envidiables los cambios de fortuna de Edipo, pero ahora horrorosos. Asimismo, en un importante momento de la tragedia, después de enterarse de la muerte de Pólibo, Edipo exclama, pues ya se ha enterado de que no es hijo de quienes creía: "Yo, que me tengo a mí mismo por hijo de la Tyche. la que da con generosidad, no seré deshonrado...". Una expresión propia del paradigma del héroe trágico, el que se entrega a la tyche. Bien, dejamos como propuesta la verificación de los distintos términos que forman el grupo de la significación de "destino-fatalidad-fortuna", para profundizar una perspectiva del Edipo Rey. Por último, de acuerdo a la noción de Bollack de lo que es la Filología, cabe preguntarse qué lectura moderna se ha producido legítimamente, esto es con arreglo a la visión del mundo de la época en que fue creada la tragedia. En ese sentido, Heidegger, en el seminario editado con el título de Introducción a la Metafísica, ha considerado como "muy griega" la interpretación de Karl Reinhardt -v. Sophocles 1933, hay traducción francesa- del Edipo Rey como "tragedia de la apariencia". Con esto, Heidegger alude a la etimología, que él mismo divulgó, de la palabra alétheia, "verdad", como des-ocultamiento. El hecho concreto es que muchos elementos de la lengua griega, y no sólo esa palabra, dejan ver que las categorías de "manifiesto -oculto" eran vitales para su comprensión de la realidad. Edipo sufre el paso de la apariencia a la manifestación de la realidad en el sentido de la sabiduría dionisíaca que Nietzsche señaló como esencialmente trágica para mostrar cómo lo real, latente bajo la apariencia, no es justamente dulce para el hombre. Y Reinhardt subraya justamente como esencial del Edipo Rey la ruptura, el quiebre, del nivel de la apariencia. Y por cierto que tales cosas pueden rastrearse a lo largo de toda la tragedia: ya desde el principio- v. 132- Edipo expresa su voluntad de "sacar a la luz" todo lo concerniente al asesinato de Layo, y se mantiene en su deseo a pesar de que todos los demás, especialmente Tiresias y después Yocasta desean disuadirlo. Ella misma le dice -v. 1068-: "Desventurado, que nunca llegues a saber quién eres". Sabemos de la brutal anagnórisis -esto es, "reconocimiento" según la Poética, como paso de la ignorancia al conocimiento- de Edipo, y de su mutilación. Esta misma mutilación afecta la vista, el sentido ejemplar del simbolismo del conocimiento para los griegos, asociada precisamente con Apolo, el Sol, "el que ve todas las cosas", y es Apolo, con su simbólica cognoscitiva-y el saber ocular délfico y la mántica de Tiresias- el dios de esta tragedia. Hay que señalar que en todo acontecer trágico además de los dramatis personae, los personajes del drama, se puede verificar la presencia actuante de un ser numinoso, una deidad, como Afrodita en el Hipólito de Eurípides, y Hades en la Antígona. Y este numen marca el imbricado simbólico -"el imaginario" según se dice actualmente- en que se desarrolla el hecho trágico. Apolo, el dios délfico del "Conócete a ti mismo", es la presencia numinosa del Edipo Rey. Por eso, si Edipo cometió una hybris, una desmesura, fue con respecto del dominio de Apolo. Edipo quiso saber más y más. Por eso dijo Holderlin: "quizás el viejo Edipo tenga un ojo de más". (*)

Made in the USA
Las Vegas, NV
19 January 2024

84623523R00017